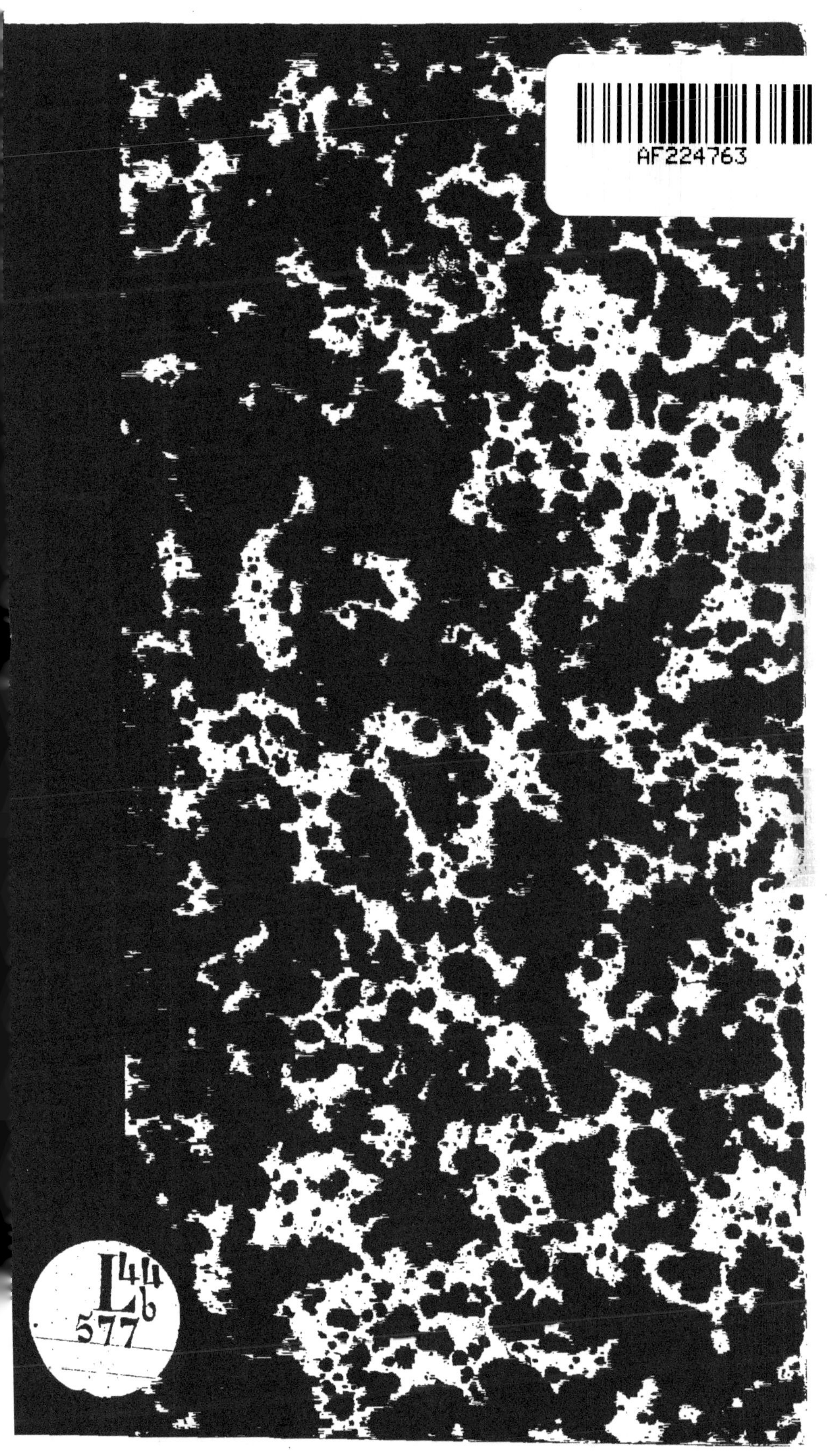

MANDEMENT

DE

SON ÉMINENCE MONSEIGNEUR

LE

CARDINAL MAURY,

Pour ordonner qu'un Te Deum sera chanté solennellement dans la Métropole, ainsi que dans toutes les Eglises de la Ville et du Diocese de Paris, conformément aux pieuses Intentions de S. M. l'Impératrice Reine et Régente.

SUIVI D'UNE

RÉPONSE A CE MANDEMENT.

A LONDRES,

DE L'IMPRIMERIE DE SCHULZE ET DEAN,

13, Poland-Street, Oxford-Street.

1813.

MANDEMENT

&c. &c. &c.

"Au moment, nos très-chers freres, où l'Empereur venait de recevoir sur le trône la derniere adresse du corps législatif, S. M. fit entendre à ses peuples ces paroles remarquables ; *J'irai bientôt me mettre à la tête de mes troupes et confondre les promesses fallacieuses de nos ennemis.*

"A peine la campagne est ouverte et déjà l'oracle se trouve accompli. Les premiers jours des hostilités ont acquitté cet engagement imposant du génie. Soutenu par la protection éprouvée du ciel et animé par le noble sentiment de sa force, notre auguste Monarque présentait dès lors ses espérances à la nation, sous une garantie de vingt années de triomphes, dont l'éclat efface toutes les réputations de l'histoire.

"Nos ennemis enhardis par la défection du plus versatile de nos alliés, qui expie déjà l'aveuglement de la faiblesse, n'ont cependant pas douté du plein succès de leur nouvelle coalition contre la France. Ainsi tandis que leur température glacée suspendait le cours de nos victoires, les Russes oubliant toutes leurs défaites qu'ils avaient célébrées l'année derniere par tant de cantiques d'actions de grâces, ont regardé comme un triomphe périodique et durable la protection fugitive des éléments. Ils ont cru, en se mettant à la solde des Anglais, que l'Empereur ne parviendrait jamais à réorganiser son armée. C'est sur la foi insensée de notre dégradation militaire qu'ils ont fait durant l'hiver une campagne idéale d'invasions et de conquêtes. Ils se sont flattés de nous chasser de l'Allemagne, de transporter même le théâtre de la guerre sur notre ancien territoire, si nous refusions de subir les lois que leur arrogance viendrait nous intimer sur les bords du Rhin ; et tout ce rêve de gloire n'a fini qu'à l'instant de leur réveil et de leur désench antemen dans les plaines de Lutzen.

" L'âpreté d'une saison précoce avait seule triomphé de notre armée, toujours victorieuse dans ces lointains et horribles climats. Mais fiers d'un fléau dont ils avaient néanmoins partagé avec nous les féroces rigueurs, les Russes n'en regardaient pas moins nos projets comme des songes, nos préparatifs comme des fables, nos ressources comme des chimeres. Quatre mois de prodiges d'un côté et d'illusions de l'autre ont suffi à la France pour marcher à leur rencontre, en se montrant à l'Allemagne étonnée, plus puissante que jamais. La treve de l'hiver a tout réparé. Une noble émulation de dévouement et de sacrifices volontaires est venue affranchir de toute pénurie les finances, ce grand ressort de la guerre, en renouvellant notre armée, sans avoir besoin de demander à la nation aucun accroissement d'impôt, sans nous réduire à aucun expédient ruineux ; et dès que tout notre appareil militaire s'est trouvé rétabli, au retour du printemps, la coalition armée s'est offerte d'elle-même aux coups que lui préparaient nos braves guerriers. Dieu qui se joue de la présomption et de la témérité des mortels, Dieu a soufflé, selon l'expression du prophête, sur cet amas d'ambitieuses chimeres et aussitôt leur fumée s'est évanouie. Les voilà donc humiliés et déjà vaincus, ces conquérants imaginaires qui comptaient si légérement sur notre déshonneur !

" Outre le nouvel et florissant aspect qu'offre à notre armée l'éclatante victoire dont nous venons rendre en ce jour au Tout-Puissant les plus solennelles actions de grâces, elle annonce en notre faveur des triomphes encore plus décisifs aux sages qui savent juger de l'avenir par le présent et lire d'avance dans les grands événements, toutes les pages glorieuses qu'ils promettent à l'histoire. Chaque jour va nous en développer les résultats. *Nous rejeterons ces Tartares dans leurs affreux climats qu'ils ne doivent plus franchir.* (1)

" En effet une campagne qui s'ouvre sous de si brillants auspices semble devoir achever de nous manifester dans toute leur étendue les desseins de la Providence sur les magnifiques destinées de l'Empereur. Puissances ennemies de la France ! vous aviez dénombré nos légions, vous aviez calculé toutes les armes qui les composent, mais vous aviez

---

(1) Proclamation de l'Empereur à son armée le 3 Mai 1813.

oublié d'apprécier aussi le génie extraordinaire de leur chef, dont les sublimes combinaisons savent en balancer l'action, en concerter l'ensemble, en suppléer les moyens et en doubler la force. Vous lui supposiez des soldats sans expérience et vous osiez mépriser leur jeune bravoure qui n'avait pas encore vu *l'effroyable feu des combats*. Mais vous ne songiez pas que le regard et la renommée du grand homme qui les commande, en feraient devant vous des héros. Vous l'avez cru loin encore de son armée, et son histoire comme vos revers, auraient dû vous apprendre que dans ses marches son poste est toujours à la tête de ses victorieuses phalanges. Vous n'avez pu tarder au moins de reconnaître la présence du premier des capitaines, aux manœuvres comme à l'enthousiasme de ses troupes, et aux ravages de la foudre qui a écrasé l'élite de votre armée. Ne saviez-vous donc pas sur la foi de vos précédentes défaites, que l'obliger de se défendre c'était l'appeler à la victoire ? Ah ! un tel souverain n'est jamais simple spectateur des combats qu'il a résolu de livrer. Toujours éclairé par son inspiration, par son expérience, par cette habitude des grandes et soudaines pensées qui l'élevent en tout genre au-dessus des autres hommes, il vous a découvert tout son ascendant, avec cette promptitude et cette sûreté de jugement qui savent improviser un champ de bataille que la méditation la plus profonde des plus illustres généraux aurait toujours à lui envier. Vous avez hâté de trois jours le moment d'un triomphe qu'il préparait dans le secret de ses pensées ; mais en éludant ses combinaisons, vous n'avez changé dans ses dispositions que le mode seul de vous vaincre. Venez donc provoquer et accélérer le combat. La moitié de son armée encore éloignée de son camp n'aura plus à regretter dans quelques heures, que de n'avoir pas pu partager ses lauriers. *L'infériorité* de notre cavalerie que l'Empereur *désirait d'épargner*, et à laquelle il destinait pour suplément sa foudroyante artillerie, éclaire tout à coup sa pensée d'une de ces *illuminations soudaines* dont parle Bossuet. *C'est une bataille d'Egypte*, dit-il à ses troupes, *une bonne infanterie, soutenue par l'artillerie doit savoir se suffire.* L'histoire recueillera ce résultat mémorable d'une combinaison que le génie militaire a suggérée, et qui pouvait seule assurer la victoire.

" On est transporté d'admiration, nos très-chers freres, devant l'homme extraordinaire qui éleve notre Empire à un si prodigieux degré de puissance et de gloire. Sa destinée et ses officieux ennemis le placent sans cesse dans toutes les situations les plus propres à nous découvrir tout l'horizon de son génie. Il est l'âme de son gouvernement comme de son armée. On ne conçoit pas qu'un mortel puisse surmonter tant d'obstacles et suffire à tant de devoirs, allier tant d'activité à tant de prévoyance, tant de sagesse à tant d'impétuosité, tant d'étendue dans toutes les conceptions à tant de vigilance dans les détails, et que chaque partie de son immense administration soit toujours surveillée par la perspicacité de ses regards, comme s'il n'avait aucune autre sollicitude sur le trône.

" C'est la religion seule, nos très-chers freres, qui, en ralliant tous les intérêts des souverains et des sujets, des riches et des pauvres, assure la véritable pompe des fêtes nationales, et donne à l'expression de la joie commune un caractere auguste et sacré que l'enthousiasme universel rend encore plus touchant et plus magnifique. Sans elle rien n'est solennel, rien n'est vraiment populaire, rien ne réunit la multitude en une seule famille. Le monde a des divertissements, le christianisme seul a de véritables fêtes. Les hommes ne sont jamais en parfaite communauté de sentiments et d'intérêts que dans les temples. C'est en se prosternant eux-mêmes devant Dieu, que les princes apprennent aux peuples à les respecter comme ses vivantes images. C'est en se rassemblant autour des autels qu'on se trouve heureux d'être chrétien, qu'on se sent fier d'être Français, et que chacun croit s'associer à la gloire de l'armée en la célébrant avec tant d'allégresse et de majesté dans nos sanctuaires. Dieu étant ici au milieu de nous et sensiblement *près de nous*, selon l'expression de l'apôtre St. Paul, semble aussi se déclarer pour nous. L'image du souverain s'y retrace dans tous les cœurs. Les acclamations d'un peuple entier répetent son nom chéri avec des transports unanimes de reconnaissance ; mais sa renommée nous a tellement accoutumés aux prodiges qu'il ne peut plus y avoir désormais de surprise pour notre admiration. Oh ! combien sa grande âme jouirait avec délices de notre amour, s'il pouvait être en ce moment le témoin de tous les sentiments qu'il inspire !

" Mais quels regrets avons nous donc à exprimer ? Notre monarque ne sera-t-il donc pas présent par sa pensée à cette sainte solennité, pour jouir des bénédictions universelles qui vont environner sa compagne chérie au moment où un grand et touchant rapport religieux vient l'offrir pour la première fois depuis sa régence, dans la plus magnifique pompe du trône, aux hommages de la nation ? La fête qui nous réunit dans le premier de nos temples, tout resplendissant de ses bienfaits et de ses victoires, acquiert encore un plus grand intérêt et un plus beau lustre par la présence de l'auguste souveraine qui vient présider à cette auguste cérémonie en s'y montrant parée de toute la gloire de son époux,

Eh ! quel touchant spectacle, de voir dans notre sanctuaire l'épouse révérée du souverain, la mere de l'héritier du trône, la régente de l'Empire, remercier Dieu solennellement de la gloire du grand homme dont elle vient proclamer le triomphe, en déclarant aux Français que *sa conservation est aussi nécessaire au bonheur de l'Empire qu'au bien de l'Europe, à la religion qu'il a relevée, qu'il est appelé à raffermir, et dont il est le protecteur le plus sincere.* Quel spectacle ! de contempler une âme si pure se prosternant devant nos autels, implorant le Tout-Puissant en faveur du héros qui est l'objet continuel de sa pensée, dont sa tendresse suit tous les pas, et dont elle ne cesse de s'entretenir au milieu de sa cour avec la plus vive émotion ! Dieu exaucera ces prieres, ces vœux, ces actions de grâces qu'il inspire ; et la félicité de notre souveraine va s'augmenter encore de toute l'allégresse publique, dont elle sera l'heureuse interprète auprès de celui qu'elle représente avec autant de grâce que de dignité.

" Nons pouvons le publier hautement, sur la foi des hommes supérieurs appelés à son conseil, le gouvernement qui lui est confié développe en elle chaque jour une âme pleine de douceur et de bonté, un caractere de haute sagesse dans ses actions comme dans ses discours, un goût de l'application, un amour de l'ordre, une habitude d'attention et d'intérêt, une exactitude de mémoire, et de suite dans les affaires, une justesse d'esprit, une maturité de jugement, une solidité de réflexions, qui en lui conciliant tous les suffrages, lui garantissent l'approbation la plus précieuse à son cœur. Tant de qualités brillantes sont encore embellies sous le diadême par une piété aussi exemplaire que mesurée, et par l'attrait de ses douces vertus d'autant plus propres à faire aimer ses principes religieux qu'elles invitent à l'imitation sans forcer à l'hypocrisie.

LETTRE

A Son Eminence, Monseigneur le Cardinal Maury, *sur son Mandement pour ordonner qu'un* Te Deum *soit chanté solennellement dans la Métropole ainsi que dans toutes les Eglises de la Ville et du Diocese de Paris, conformément aux pieuses Intentions de Sa Majesté l'Impératrice Reine et Régente.*

> Eh! quoi, Mathan, d'un prêtre est-ce là le langage.
>
> ATHALIE.

Monseigneur,

Avant de lire les mensonges que vous venez de prononcer dans cette chaire de vérité où jadis vous avez rencontré la gloire en ne cherchant que la fortune *, avant d'observer la conduite que vous avez tenue depuis l'apostasie que vous avez mendiée, avant votre chute enfin, j'étais déjà convaincu qu'il

---

* L'abbé Maury était répétiteur de collége, et vivait dans la misere, quand ses talents oratoires le firent connaître de l'abbé de Boismont. Ce fut ce vieux académicien, prédicateur du Roi, qui commença sa fortune en lui résignant un gros bénéfice. Destiné à le remplacer à l'académie, on assure que l'abbé Maury, plus occupé, pendant la derniere maladie de son bienfaiteur, de son discours de réceptiou, dans lequel devait entrer l'éloge historique du défunt, que de sa mort, se pressait de lui faire des questions et de recueillir de la bouche du mourant quelques anecdotes de sa vie, lorsque celui-ci pénétrant son projet et son ingratitude, lui dit d'une voix éteinte: " Finis, l'abbé, il y a assez long-temps que tu me prends la mesure."

A

est un point d'élévation dans la vie d'où l'homme, que la vertu ne soutient pas, est obligé de redescendre ; mais en remarquant cette dégradation qui appartient à l'humanité, jamais l'histoire ne m'avait révélé l'excès d'humiliation auquel un cardinal, un prince de l'église romaine, pouvait arriver. Satan, précipité du ciel, conserve encore quelque dignité au fond de l'abîme ; si, comme vous, il est le plus grand des ingrats ; si, comme vous, à force d'orgueil il étouffe sa propre renommée, il menace du moins, et ne rampe pas.

Non, Monseigneur, il n'appartient qu'à vous seul, de monter et de redescendre en si peu d'années tous les échelons qui composent l'opinion et la société ; pour vous élever aussi haut, pour retomber aussi bas, il fallait cet équilibre de talents et de vices, de génie et de perversité, qui n'existe peut-être que dans votre esprit et dans votre cœur.

Mais, n'espérez pas, Monseigneur, que votre avilissement soit d'un contagieux exemple ; dans cette foule de crimes que toutes les passions des hommes ont mis en jeu, parmi ces ambitieux de toutes les especes, ces fanatiques de tous les partis, nul n'a droit de prétendre à être aussi coupable que vous. La place que vous avez choisie restera unique dans l'histoire, et si l'Europe a jamais l'honneur de reproduire un second poëte comme le Dante, un genre de supplice, inconnu à l'imagination des hommes, sera sans doute dans son enfer, la récompense que le génie décernera à l'ingratitude. Vous avez voulu atteindre aux deux extrémités de cette longue chaîne de gloire et d'infamie qui lie les temps où vous avez combattu pour la religion, aux temps où vous priez pour son persécuteur ; des derniers rangs de la société, élevé aux premieres dignités de l'église ; du poste le plus éminent où l'opinion puisse porter un homme ; de ce point enfin où l'envie ne pouvait même plus vous atteindre, vous vous êtes précipité chargé de vingt années d'hypocrisie.

Monseigneur, il n'appartient qu'à vous, d'apprécier tout ce qu'il y a d'extraordinare dans ce double usage de vos talents et de votre caractere ; et sans doute votre amour propre pouvait seul trouver dans cette puissance de se créer une réputation et de la détruire, une jouissance qui nous est inconnue.

Mais ce qui doit nous consoler pourtant de ne pas atteindre à de pareilles combinaisons, c'est de voir votre éloquence déchoir en raison de votre égarement, vos talents s'avilir comme votre cœur, et votre esprit s'éteindre dans les ténebres de l'apostasie, encore plus vite que votre génie ne s'était allumé au flambeau de la religion.

Oui, Monseigneur, vous aviez des talents à l'époque où vous saviez en faire un bon usage. A défaut de cette éloquence brûlante que donne seule la persuasion, vous saviez, sur un terrain ferme, élever un élegant édifice. Panégyriste de St. Louis,* l'ambition de vous asseoir un jour au sein de l'académie française, vous avait donné les talents nécessaires pour charmer cette assemblée ; ce qu'un orateur purement chrétien aurait pensé du plus grand des rois, du plus religieux des hommes, du plus brave des héros de ces temps presque fabuleux, vous l'avez dit, inspiré par cette soif de briller qui vous a dévoré pendant vingt années. C'est le besoin d'échapper à l'oubli pour arriver à la fortune, qui

---

* L'usage était en France, avant la révolution, de faire prononcer par quelque jeune orateur déjà célebre, le panégyrique de St. Louis, devant l'académie française le 25 d'Août. L'abbé Maury, connu par plusieurs discours oratoires, eut l'honneur d'être choisi, et ce début décida de son talent et de sa fortune.

vous a fait vous jeter, à l'époque de la révolution, dans la carriere qui vous offrait le plus de chances ; et tandis que votre conscience avait l'air d'entraîner votre génie, tout chez vous était soumis aux calculs du plus sordide intérêt. Dépourvu de cette chaleur de sentiment, de cette onction touchante qui naît de la persuasion, ne pouvant y suppléer qu'à force d'art, comment avez-vous pu vous éloigner de ces bases éternelles sur lesquelles nos grands orateurs ont bâti des monuments durables ? Prédicateur sans moralité, prêtre sans foi, ministre des autels sans piété, mais profond littérateur et écrivain éminemment habile, comment a-t-il pu vous échapper que les sentiments religieux sont les sources inépuisables de la véritable éloquence ? Est-ce vous seul, Monseigneur, qui par des combinaisons de mots, avez pu vous élever jusqu'au sublime dans cette tribune d'où je vous ai vu tonner sur une immense assemblée, parce que la religion vous prêtait momentanément ses foudres ? Ces mouvements oratoires, ces élans du génie, à qui les deviez-vous, si ce n'est à l'importance, à la vérité de vos sujets ?

Ah ! Monseigneur, quand vous planiez sur les esprits, quand vous attendrissiez tous les cœurs, votre force ne tenait pas, comme la force apparente de Samson, à un prodige ; mais comme sa force véritable, en votre confiance dans la bonté de votre cause. C'était elle qui vous prêtait le moyen de terrasser le lion, de combattre le Philistin ; ce pouvoir venait de la source de tous les pouvoirs. Celui qui vous avait donné vos talents vous les a repris, sa main s'est retirée de dessus vous, la fausse ambition a coupé le cheveu fatal, vous êtes tombé dans la faiblesse et dans l'aveuglement, et il ne vous reste, comme celui auquel je vous compare, qu'à renverser sur vous les voûtes de ce temple où vous faites régner l'impiété.

Un écrivain célebre, en consacrant un ouvrage

au Génie du Christianisme, me paraît avoir négligé le plus irrésistible de ses arguments en faveur de la religion, et cet argument c'est vous*. Il fallait, Monseigneur, qu'il vous montrât luttant à Paris contre l'infortune, sortant de l'obscurité par l'éloquence de la chaire, vous ouvrant une immense carriere, la parcourant sur les ailes de la foi, et vous élevant dans ses régions, pour en redescendre avec le titre de défenseur de l'église. Il fallait aussi qu'en rendant justice à votre esprit, à votre talent d'écrire, il fît voir à quel point les discours où vous vous êtes surpassé vous-même, doivent leur plus grande force aux vérités religieuses. Vous suivant dans cette route où si rarement la fortune sert d'escorte à l'honneur, il fallait que le chantre du Génie du Christianisme, conduisît son vigoureux champion aux pieds d'un des plus grands papes qui aient honoré la chaire de Saint Pierre,† qu'il montrât l'orateur sacré, l'écrivain fleuri représentant le chef de l'eglise, auprès du chef de l'empire Germanique,‡ et quand il aurait expliqué tous ces pro-

---

* M. de Châteaubriant, en faisant voir dans son Atala, tout ce que la religion peut donner d'éloquence à un prêtre simple, à un missionnaire rempli de foi, a sans doute produit un grand effet ; mais s'il avait fait voir jusqu'où les vérités sublimes de l'évangile peuvent élever un orateur sans principes, peut-être aurait-il donné une preuve plus convaincante des ressources que les écrivains ont trouvées et trouveront toujours dans le génie du christianisme.

† L'abbé Maury, en quittant l'assemblée nationale, fut appelé à Rome par Pie VI, qui lui donna le chapeau de cardinal, l'évêché de Montefiascone, et le combla de bienfaits ; le grand Pape fut mourir quelques années après dans la captivité à Valence, convaincu mais trop tard, qu'il n'avait fait qu'un ingrat.

‡ Au couronnement de l'Empereur Léopold en 1792, l'abbé Maury eut l'honneur d'être nonce du Pape à Francfort sur le Mein.

diges, il fallait qu'il ajoutât : "Tant d'honneurs et de renommée n'ont été obtenus que pour la défense de cette religion, type sacré de tous les genres de beautés, source où le génie puisa Polyeucte, Athalie, Esther, et où l'apostat qui déshonore l'église, qui l'avait tant honoré, trouva le talent qu'il a perdu ; redescendez des hauteurs où vous l'avez perdu de vue dans le temps de sa gloire, pour le suivre dans ce bourbier où il s'enfonce chaque jour, voyez son éclat s'effacer à mesure que son caractere s'avilit, et convenez, en comparant l'appui du trône, le protecteur des lois, le défenseur de la foi, au courtisan méprisé, à l'archevêque schismatique, au cardinal impie, que le génie du christianisme pouvait seul enfanter de pareils miracles."

Mais, Monseigneur, si vous avez servi la religion, sans jamais avoir été religieux, c'est pourtant la force des grandes et primitives idées que vous aviez à défendre, qui seule vous a soutenu. La justice de votre cause vous poussait majestueusement sur cet océan de lumieres ; malgré vous, elle enflait vos voiles, gouvernait votre pensée, et vous faisait braver les écueils sur lesquels votre faux orgueil est venu depuis se briser.

Que des autorités auxquelles vous ou votre mémoire serez obligés de vous soumettre un jour, condamnent votre conduite scandaleuse; que l'église à laquelle vous appartenez, vous juge ; qu'elle vous range parmi ses prélats égarés, qui, après avoir attiré sa confiance, ont déchiré son sein, je vous livre à ses censures ; c'est au panégyriste de Saint-Louis, c'est au membre élu deux fois par l'académie française, que je veux essayer de prouver, combien la dépravation dans les sentiments éteint le goût, étouffe le génie, et à quel point les talents s'affaiblissent, à mesure que le caractere se dégrade.

Non, Monseigneur, pour l'honneur de la vérité, l'éloquence n'appartient pas à l'esprit, elle est l'appanage de l'âme et sa plus noble faculté. L'émotion que vous éprouviez en montant à la tribune de l'assemblée nationale, la certitude d'y être l'espoir d'un parti, l'étonnement de l'autre, le murmure flatteur des échos de l'Europe retentissant à vos oreilles, la religion qui agrandissait vos pensées, tout contribuait à vous exalter. Persuadé de la fécondité du sol que vous aviez à labourer, vous semiez dans ce champ d'honneur, sûr d'y récolter l'estime et les dignités : mais aujourd'hui quelle différence ! attaché au char d'un tyran, courbé sous le joug, agenouillé comme le chameau qui attend son maître, c'est dans l'église de Notre-Dame, qu'il vous faut vous adresser à un peuple, qui déjà plusieurs fois vous y a accablé de ses mépris. La vérité est devant vous, et vous n'osez ni la consulter, ni l'entendre ! le sanctuaire de la religion est ouvert, et vous détournez les yeux ; ce n'est pas pour instruire, pour prier au nom de celui qui console, que vous allez parler, c'est pour flatter, pour tromper au nom de celui qui persécute. En vain les peres de l'église vous offrent, selon l'usage consacré, les expressions pieuses qui doivent servir de texte à vos onctions pastorales ; ce sont les paroles du tyran que l'adulation vous ordonne de préférer, et les premiers mots que vous prononcez dans la chaire de la religion et de la vérité, sortent de la bouche de l'impiété et du mensonge.

Confondant tous les genres, parce qu'on n'a plus de régulateur quand on n'a plus de conscience, vous parlez *d'oracle accompli*, dans un lieu où on ne prononça jamais le nom sacré de prophétie que sur les autorités tirées des saintes écritures, et vous osez faire voir *votre auguste monarque soutenu par la protection éprouvée du ciel* présentant ses espérances à la nation *sous une garantie de vingt années de triomphes*, quand vous ne pouvez ignorer que le cours de cette prospérité vient d'être interrompu par des désastres sans exemple. Qui peut vous avoir donné l'audace d'avancer que la réputation de l'idole à laquelle vous sacrifiez dans le temple du vrai Dieu, *efface toutes les réputations de l'histoire?* Est-ce Alexandre vainqueur de Darius, César, Charlemagne, Frédéric-le-Grand, que vous mettez au dessus de l'homme qui n'a rapporté d'une campagne commencée à la tête d'un demi-million de soldats, que le désespoir de les avoir perdus, et la honte de les avoir abandonnés ? *

Quand vous étiez l'organe de la vérité, quand la pureté de vos intentions vous servait de guide, vous n'auriez pas, Monseigneur, avancé les absurdités qui vous échappent dans ce mandement qui rappelle les homélies de l'Archevêque de Grenade, et votre défaut de goût ainsi que votre esclavage ne se seraient pas trahis à chaque pensée. Vous aviez trop d'adresse alors pour parler légérement des Russes, précisément à une époque qui a mis le comble à leur gloire ; vous n'auriez pas avancé, sans savoir s'il y a le plus léger fondément à cette assertion, que ces braves troupes, *en se mettant à la solde des Anglais, ont cru que votre Empereur ne parviendrait jamais à réorganiser son armée,* parce que vous auriez senti que ce ne pouvait être que l'opinion absolument contraire, qui les aurait déterminés à prendre de grandes précautions pour continuer la guerre. Le bon sens vous aurait dit de ne pas rassembler dans un court espace des

---

* Doulcet de Pontécoulant, préfet de Bruxelles, chargé de haranguer Buonaparté, il y a déjà sept ou huit ans, ne trouva d'autre moyen que de lui immoler la réputation politique et militaire de César, de Charlemagne et de Charles Quint ; le cardinal Maury a été plus expéditif, et sans s'arrêter aux détails, il a mis aux pieds de son héros *toutes les réputations de l'histoire.*

expressions qui se détruisent, de ne pas parler de *la température glacée d'un pays qui n'a fait que sus-pendre le cours de vos victoires*, et de cette *réorga-nisation* rapide que votre Empereur est *parvenu* à faire en quatre mois. Un pareil mot ne serait point échappé jadis à votre plume, ou du moins un aveu aussi humiliant n'aurait pas été se noyer dans un océan de phrases boursoufflées, et vous n'auriez pas imité, dans un discours oratoire, le style de ces bul-letins devenus aujourd'hui votre évangile. *

Vous étiez vrai, Monseigneur, quand vous ser-viez la cause de la vérité, et si vous aviez lu alors une déclaration aussi noble, aussi franche que celle que le maréchal Prince Kutusoff a faite au nom de son maître en passant la Vistule, vous n'auriez pas dit, *ils se sont flattés de nous chasser de l'Alle-magne, de transporter même le théâtre de la guerre sur notre ancien territoire, si nous refusions de su-bir les lois que leur arrogance viendrait nous in-timer sur les bords du Rhin*, parce que votre cons-cience vous aurait crié qu'ils ont dit précisément tout le contraire. Mais quand on se passionne de sang-froid, on entasse des expressions sans consis-tance. Que veut dire ce rêve de gloire finit à l'ins-tant *du réveil et du désenchantement* dans les plaines de Lutzen ? prétendez-vous faire croire à vos Parisiens que vous ne savez pas lire un bulletin, même aussi bien qu'eux ? et celui de Lutzen en servant de texte à un discours qui a cessé d'être religieux en passant par votre bouche, vous donne-t-il le plus léger prétexte de parler de *désen-chantement et de réveil ?*

---

* Les Français qui ne sont pas tous des abbés Maury, commencent par croire à leurs bulletins et finissent par s'en moquer ; et le reste de l'Europe, malheureusement, com-mence par s'en moquer et finit par y croire !

B

Vous étiez plus adroit, Monseigneur, quand vous attaquiez autrefois des questions délicates. Votre mémoire, votre vaste érudition se développaient avec adresse, soit que vous eussiez à peindre ce temps chevaleresque, caractere du siecle de St. Louis, ou cette rusticité féodale des cours d'Anne de Bretagne et de Charles VIII*; vous ne confondiez pas les saisons, les degrés de latitude, les climats, pour dire : *" l'âpreté d'une saison précoce avait triomphé de notre armée, toujours victorieuse dans ces lointains et horribles climats"*; vous vous seriez souvenu qu'un froid rigoureux à Moscou *au mois de Novembre*, n'est point le fruit d'une saison précoce ; vous vous seriez gardé de rappeler un désastre horrible arrivé à vos armées toujours victorieuses, et d'imprimer sur votre discours le cachet de l'ignorance.

Mais où sont ces *quatre mois de prodiges d'un côté, et d'illusions de l'autre,* dont vous parlez, si ce n'est dans la campagne de 1812, dont vous n'avez pas l'adresse d'écarter l'attention ? Les quatre mois de prodiges pour la France en 1813, ne sont que des mois d'aveuglement qui lui coûteront encore bien cher ; c'est pendant ces quatre mois où la tyrannie a exigé plus qu'elle ne pouvait espérer†, où la

---

* Un des plus beaux discours du cardinal Maury à l'assemblée nationale, fut celui qu'il improvisa sur la réunion de la Bretagne à la couronne de France, et sur les priviléges confirmés à cette province par le contrat de mariage de la duchesse Anne.

† La maniere dont les nouveaux dons patriotiques viennent d'être obtenus, mérite d'être connue. A l'arrivée du déserteur de l'armée du Nord à Paris, tous les préfets des cent cinquante départements reçurent la lettre suivante: " Sa Majesté impériale et royale ayant su que l'intention " des habitants du département de.... était de lui offrir " cinq cents chevaux montés et tant.... de différents usten-

faiblesse a donné plus qu'elle ne pouvait accorder, que les malheureux Français, consultant l'espece de courage qui leur reste, se sont précipités par lâcheté, dans cette carriere où il est de leur destinée d'entrer toujours avec désespoir, et de sortir souvent avec gloire ; (*la treve de l'hiver*) n'a rien réparé, car pendant cette saison, on ne vous a point accordé de treve, à moins que, surpassant l'adulation de tout ce qui rampe aux pieds de votre maître, vous n'admettiez que la campagne de 1812 a fini avec sa désertion de l'armée, ou que vous oublïez que les quatre mois *d'illusion* des Russes ont été employés, après avoir passé sur les corps de vos phalanges toujours victorieuses, à venir des bords du Niémen jusques aux rives de l'Elbe.

Vous parlez de *sacrifices volontaires et d'un noble dévouement,* quand vos journaux sont remplis de moyens pour échapper à la conscription, à la tyrannie ! Ah ! Monseigneur, comparez votre dévouement et vos sacrifices avec ceux de plusieurs gentilhommes de ce pays barbare où l'honneur et le patriotisme ne sont soumis à aucun calcul humain ; vous y verrez d'un côté des Soltikoff, des Demidoff,

---

" siles de campagne, vous aurez à leur en témoigner sa gratitude, et à faire rendre le tout sous un mois au dépôt qui " vous sera indiqué." Les préfets, abasourdis d'une pareille lettre, n'eurent qu'à écrire la suivante à tous les principaux habitants et gros propriétaires de leurs arrondissements : " Monsieur, Sa Majesté impériale et royale ayant " été informée de votre désir de lui offrir deux chevaux de " votre écurie, et d'envoyer votre troisieme fils à l'armée, les " deux premiers y étant déjà, elle me charge de vous dire, " qu'elle approuve votre dévouement, et que vous ayez à " faire parvenir la totalité de vos offres, dans la ville de.... " district de...... avant le..... du courant : sur ce, elle " prie Dieu qu'il vous ait en sa sainte et digne garde."

des Momonoff* levant des régiments entiers à leurs frais, et de l'autre un prince de l'église, un archevêque de Paris, un membre du sacré collége, vous enfin, tirant à regret quatre mauvais chevaux de vos écuries pour les immoler sur l'autel de la patrie.

Non, Monseigneur, *Dieu n'a point soufflé, après la bataille de Lutzen, sur cet amas d'ambitieuses chimeres,* et ce ne sont pas des nuages de poussiere, que vous avez eu à combattre à Bautzen, à Weissig, à Wurtzen ; ils ne sont point humiliés ces *conquérants imaginaires,* et ils n'ont point compté légérement sur votre déshonneur en vous chassant de leur patrie ; c'est une conquête bien positive que celle d'anéantir une armée formidable, et d'en poursuivre les débris pendant quatre cents lieues ; les cendres des cadavres de trois cents mille Français servent depuis Moscou jusques à Varsovie à tracer la route de ceux que l'on peut appeler à bon droit *les conquérants imaginaires ;* et la fécondité de ces champs attestera encore pendant vingt récoltes la confiance aveugle des malheureux Français, ainsi que la présomption de leur conducteur.

Rendez grâces au Dieu des armées ; appelez votre peuple dans son temple, prosternez-vous à ses pieds, non pas pour célébrer vos victoires, pour

---

* Le comte de Soltikoff, fils du maréchal de ce nom, mort depuis à la fleur de son âge, a levé un régiment de hussars, dont les chevaux ont été tirés de ses haras ; et M. le chambellan Demidoff un régiment d'infanterie, ainsi que le jeune comte Momonoff ; ce dernier, âgé de vingt-trois ans, obéissant au plus noble mouvement de patriotisme, écrivit à l'Empereur Alexandre pour lui offrir la totalité de sa fortune jusqu'à la fin de la guerre, ne se réservant que dix mille roubles par an sur plus de deux cent mille, et demandant, n'ayant point été jusqu'à ce jour militaire, à servir comme sous-lieutenant dans son propre régiment.

y proclamer vos mensonges, mais pour y demander pardon de vos fautes ; complices de celui qui,
sans vous, n'aurait pas la puissance de mal faire,
pleurez les crimes qui désolent le monde, pleurez
l'Espagne en feu, Moscou en cendres, Sarragosse
ensevelie sous ses ruines, l'Allemagne dévastée, l'Ita-
lie spoliée, la Hollande désolée, la France, la
France bien plus malheureuse encore que coupable,
étouffant ses sanglots, cachant ses larmes ou plutôt pleurant en silence les enfants qu'elle a perdus.
Si à la place des actions de grâce que vous avez eu
ordre de rendre au Tout-Puissant, afin d'en impo-
ser davantage au peuple, vous aviez eu dans cette
même chaire, à retracer les malheurs du peuple de
Dieu, la captivité de Babylone, Sedécias dans les
fers, l'impie triomphant, c'est-alors que retraçant
ce que vous avez sous les yeux, ce que vous enten-
dez à toute heure, vous auriez pu remonter à ces
hauteurs dont vous êtes tombé pour jamais ; c'est
en faisant le tableau des miseres d'un peuple repen-
tant et fidele, que vous auriez repris ces routes fa-
ciles, ces sentiers fleuris que vous suiviez autrefois,
tandis que dans les déserts arides où il vous faut
aujourd'hui errer, il ne vous reste que des faux pas à
faire, du moment où la religion ne marche plus
devant vous*.

En annonçant *vos triomphes encore plus dési-
sifs, aux sages qui savent juger de l'avenir par le
présent et lire d'avance dans les grands événements
toutes les pages glorieuses qu'ils promettent à l'his-*

---

* Rien ne prouve mieux cet argument en faveur de la
religion que le mandement qu'on refute. ... Du moment où
le cardinal Maury reprend, comme par hasard, le langage d'un
orateur sacré, il part de sa plume quelques-uns de ces traits
que la flatterie a bientôt émoussés.

toire, vous semblez oublier, ministre du Seigneur, que les sages ne voyent dans l'avenir que les décrets de la providence, et que si cette providence paraît s'endormir en continuant de châtier l'Europe, son réveil, pour être différé, n'en sera pas moins terrible. Evitant, pour ne flatter que *le fléau de Dieu*, de parler de Dieu lui-même dans son propre temple, vous oubliez à quoi tiennent les destinées des empires ; au lieu d'appeler à vous l'évangile, au lieu d'invoquer ces peres de l'église vos premiers maîtres, vos premiers modeles et les guides de vos premiers talents, sur quelle phrase misérable êtes-vous obligé de vous traîner ? Quelle abnégation de vous-même, vous a-t-il fallu faire pour immoler l'orateur au courtisan, l'académicien à l'aumônier de la cour, et descendre jusques à répéter les expressions ridicules de la proclamation du 3 Mai par Napoléon à ses soldats, *nous rejetterons ces Tartares dans leurs affreux climats,** et vous êtes obligé dans un discours où vous semblez courir après votre premiere éloquence, de confondre les Russes, peuples vainqueurs des Tartares il y a trois siecles, avec ces mêmes Tartares chassés de leurs états presqu' avec autant de pertes et d'ignominie que *vos armées toujours victorieuses*.

Si les Russes ont cru, Monseigneur, que vous

------

* Les Tartares ayant vaincu les Chinois et s'étant principalement établis dans ce vaste empire, il s'en suivra, d'après les chroniques françaises et le dire du grand historien Napoléon, que l'on certifiera un jour, qu'en l'an du Seigneur Mil huit cent douze, une invasion des Chinois se croisa à Moscou avec une invasion des peuples de l'ouest de l'Europe, que les Russes (que cela n'intéresait presque pas) ne se mêlerent pas de cette affaire, et que ce furent les Tartares de l'Asie qui, dignes enfants des Huns leurs ancêtres, chasserent les descendants des Gaulois. Si les peuples de l'antiquité avaient eu des bulletins, voilà pourtant comme se serait écrite l'histoire !

ne parviendriez jamais à réorganiser une armée,
que devient cette apostrophe brillante, dans laquelle vous vous écriez tout à coup : *"Puissances
" ennemies de la France, vous avez dénombré nos
" légions, vous avez calculé toutes les armes qui
" les composent, mais vous avez oublié d'apprécier
" le génie extraordinaire de leur Chef :"* cette derniere expression, toute politique qu'elle soit dans
votre bouche, ne valait pas la peine de vous contre-
dire vous-même ? Dans votre bon temps vous n'é-
criviez pas ainsi, la vérité liait toutes les parties de
votre discours ; mais alors vous n'aviez qu'un but,
vous l'apperceviez dès votre entrée dans la carriere
et ce n'était pas dans les ténebres de la honte, que
vous avanciez à tâtons. Encore une fois, Monseigneur, souffrez que je vous rappelle avec quel soin, que
si vous aviez eu à défendre une mauvaise cause, vous
auriez évité ce qui pouvait y nuire, et combien vous
vous seriez gardé de dire, en parlant de votre héros,
que *dans ses marches il est toujours à la tête de ses
victorieuses phalanges.** Plus adroit, vous n'auriez
pas, par cette exagération, ramené la pensée sur
cette fuite scandaleuse, où votre Empereur échap-
pant à la surveillance de ses généraux et à la fureur
de son armée, loin d'être à la tête de ses phalanges
victorieuses, s'enfuyait avec son complice dans un
seul traîneau. Plus prudent, surtout plus modeste,
vous vous seriez souvenu que les voûtes de ce même
temple avaient retenti jadis des éloges des Condé,
des Turenne, et vous auriez rougi d'entendre leurs

---

* Quand on parle on France des horreurs de la révolution, on vous dit, taisez-vous, nous avons oublié tout
cela. Il en est de même de l'armée de 1812 ; si vous en
demandez des nouvelles, on ne vous répond rien ; on vous mon-
tre sur la carte où sont en 1813, les phalanges victorieuses.
Tuons toujours, disait Barrere, il n'y a que les morts qui ne
reviennent pas pour se plaindre.

échos répéter des louanges semblables, quand il s'agit d'hommes, qui sont si peu semblables entre eux.

Les Russes ne sont pas encore persuadés, Monseigneur, *sur la foi de leurs précédentes défaites, qu'obliger votre héros de se défendre, c'est l'appeler à la victoire;* ils ont des preuves du contraire. Sans parler de Borodino, où vous n'avez pas plus couché sur le champ de bataille qu'à Lutzen, il me semble que Kowno, Krasnoy, la Berezina, Polotsk et cent combats que je pourrais vous citer, réclament un peu contre cette assertion mise en avant avec votre confiance ordinaire. L'expression de *précedentes defaites* est aussi maladroite que fausse, tout ce qui a précédé Lutzen est une suite non interrompue de victoires, mais êtes-vous le maître de choisir vos expressions ? Non ! le tyran ordonne, la terreur dicte, et l'esclave écrit.

Quand vous improvisiez, Monseigneur, dans cette tribune aux harangues où vous avez allié tant de fois la force des expressions avec la sévérité du goût, vous ne disiez pas, qu'avec *une promptitude et une sûreté de jugement, on savait improviser une bataille,* vous dédaigniez ces misérables jeux de mots, ce néologisme, fruit de l'arridité des temps où la religion a été chassée des domaines de l'éloquence ; et les nobles pensées qui vous absorbaient, ne vous laissaient pas le loisir de ramasser ces bluettes indignes d'un écrivain tel que vous.

Monseigneur, en votre qualité de membre de l'académie, permettez-moi de vous demander, qu'est-ce qu'une *infériorité de cavalerie qui éclaire tout à coup une pensée d'une illumination soudaine?** Vous

---

* La phrase n'est pas absolument ainsi, on a rapproché deux membres plus éloignés, mais qu'on la lise dans le texte et l'on verra que le mot infériorité est le nominatif du verbe éclairer, dont pensée est le régime, ce qui fait un double galimathias.

faites une phrase inintelligible, et vous citez Bossuet, vous invoquez, pour ainsi dire, son ombre, et vous ne tremblez pas qu'elle n'apparaisse devant vous. Ah ! si l'aigle de Meaux qui se montra inflexible envers le cygne de Cambrai, se présentait tout-à-coup devant cette chaire où vous louez tout excepté Dieu, que n'aurait-il pas à vous dire ? Prédicateur, il vous reprocherait l'indigne usage que vous faites de la parole sacrée ; sujet fidele, il vous demanderait quel est l'usurpateur dont vous osez défendre les prétendus droits ; prince de l'église, il vous accablerait de ses foudres, et honnête homme de son mépris.

Oui, Monseigneur, *l'histoire recueillera le résultat mémorable d'une combinaison que le génie militaire a suggérée:* mais qu'elle en parlera différemment de nous ! Elle ne croira plus aux modernes fables de l'Egypte, elle renverra les bulletins de l'armée du Caire au rang des hiéroglyphes de Memphis, les batailles des Pyramides seront en ruines comme ces vastes tombeaux. Les faits parleront, et parleront seuls quand toutes les passions rentreront dans le silence ; la France dépeuplée, l'Europe couverte de débris, feront l'éloge de vos héros, comme les ruines de Rome et d'Athenes attestent encore l'ignorance des Vandales et la cruauté des Goths.

Quoi, Monseigneur, *vous êtes transporté d'admiration devant l'homme extraordinaire qui éleve votre empire à un prodigieux degré de puissance et de gloire,* et c'est sans rougir que vous le dites à des Français ! Vous êtes ministre des autels, archevêque de Paris, et vous préférez avoir l'air de croire à la prospérité de vos bulletins plutôt qu'à la misere de vos paroisses. Vos temples retentissent des gémissements et des prieres de ces malheureuses meres qui ne reverront plus leurs fils, de ces vieillards qui ont perdu les soutiens de leur existence ; les portes de votre palais sont encombrées de pauvres qui, sous vos vertueux prédécesseurs, y trouvaient

C

toujours un asile, et vous parlez de gloire et de puissance! Vous est-il permis d'ignorer cet état de fausse prospérité dans lequel vos journalistes, vos préfets, les rapporteurs de vos conseils, vous-même avez ordre de montrer la France? Si vous n'avez pas parcouru les provinces où l'agriculture est sans bras, le commerce sans ressort, les peres sans enfants, les jeunes filles sans époux, descendez de cette tribune et entrez dans les masures qui vous environnent, pour jouir de la vraie gloire, de la vraie puissance du tyran que vous encensez.* Quand on est dans la chaire de la vérité, ce n'est point aux grands, aux heureux du monde qu'il faut étaler les faveurs de la fortune ; c'est aux malheureux, aux infirmes qu'il faut porter la consolation et l'espérance. Paraphrasez moins ces bulletins pompeux, songez davantage aux maux dont ils sont la cause, et ne vous étonnez plus qu'un mortel puisse surmonter tant d'obstacles, *suffire à tant de devoirs, allier tant d'activité à tant de prévoyance, tant de sagesse à tant d'impétuosité, tant d'étendue dans toutes les conceptions à tant de vigilance dans les détails,* quand les *résultats* de *tant* de victoires, d'alliances, de provinces conquises, de royaumes réunis, est la dépopulation, la misere et le désespoir.

Enfin, Monseigneur, après avoir satisfait le besoin de ramper devant l'homme, avant de vous humilier devant Dieu, pour la premiere fois, vous osez invoquer la religion dans son temple ; *c'est la religion seule,* dites-vous, *qui, en ralliant tous les intérêts des souverains et des sujets, des riches et des*

---

* Il y a long-temps qu'on n'ajoute plus aucune foi en France, à ces tableaux de prospérité sans exemple, fabriqués tous les ans dans les bureaux du comte de Montalivet, mais on y croit partout ailleurs, parce que haïr un pays et le connaître sont deux choses qui malheureusement ne se ressemblent pas du tout.

pauvres, assure la véritable pompe des fêtes natio-nales &c. . . . . sans elles, rien n'est solennel, rien n'est vraiment populaire, rien ne réunit la mul-titude en une seule famille ; mais à qui adressez-vous un pareil discours ? Est-ce la religion ou la politique qui appelle dans votre métropole cette cour que vous avez sous les yeux ; quels droits a-t-elle à remercier la providence, elle qui, l'ouvrage du hasard, n'a jamais réclamé que lui ? Quand Aaron égaré et coupable encensait comme vous le veau d'or, il n'avait pas l'audace d'invoquer le vrai Dieu, qui, pendant ce temps, révelait sa foi à Moïse; en trans-gressant la loi, il se gardait d'en rappeller les tables, il ne réunissait pas l'audace à l'impiété.

C'est la religion seule qui rallie les intérêts des sujets fideles et des souverains légitimes : mais entre un souverain comme le vôtre et des sujets tels que vous, il n'y a qu'un pacte, celui que l'ambition fait avec la fortune, et d'autres liens que ceux qui atta-chent au succès. Votre empereur est votre maître, mais votre maître n'a jamais été votre souverain ; l'univers est à ses pieds le lendemain d'une victoire ; à peine lui reste-t-il un serviteur le lendemain d'une défaite. C'est entouré de courtisans couronnés qu'il traverse l'Europe quand cinq cents mille soldats marchent derriere lui, et qu'il vole à des conquêtes ; mais c'est un seul homme qui l'accompagne quand il vient d'être vaincu.

Les hommes ne sont jamais en parfaite com-munauté de sentiments et d'intérêts que dans les temples, dites-vous. . . . Oui, quand ils y sont réunis par la foi, quand ils s'y dépouillent des intérêts de ce monde, pour ne songer qu'à ceux d'un avenir au-quel ils croyent; mais dans cette assemblée aux vertus de laquelle vous proportionnez vos talents et votre langage, où sont dites-moi, les fideles auxquels vous vous adressez? Jettez les yeux sur *ces grands* qui vous vous écoutent, lisez dans les yeux de ces ambitieux qui

vous regardent; non-seulement vous fatiguez chacun
d'eux des louanges de celui qu'ils détestent, mais
vous l'importunez par le récit mensonger d'une victoire qui ne sert qu'à prolonger ses maux. Que
voit-il dans le passé? des crimes dont il a recueilli
le fruit; dans le présent que voit-il? d'autres crimes
qui le font trembler pour ce qu'il possede; et dans
l'avenir, encore des crimes qui le dépouilleront de
tout ce qu'il a acquis à travers tant de dan-
gers*.

Quand dans un discours pastoral on ambi-
tionne d'être plutôt littérateur que chrétien, il faut
avoir du moins le goût assez pur pour n'admettre
qu'une seule théologie, et l'on n'invoque point
St. Paul après avoir invoqué Napoléon. Il n'appartient qu'à vous et au chantre du poëme de la guerre
des Dieux, votre digne collegue à l'académie française d'aujourd'hui, de mettre ainsi le disciple de
tous les vices en présence de l'apôtre de toutes les
vertus, et d'adorer Baal dans le temple du Dieu d'Israël.

Mais je laisse, Monseigneur, *la grande âme*
de votre grand empereur *jouir des délices de votre
amour*, il n'a pas besoin *de vous entendre, d'être
témoin de tous les sentiments qu'il vous inspire*, il
vous devine; son cœur est fait pour juger le vôtre,
et son talent est de vous avoir mis dans une situation
où il soit sûr de vous. En vous confiant le premier
siége de son empire, la place la plus délicate à oc-
cuper, en vous abandonnant, pour ainsi dire, la direc-
tion des consciences de la capitale, il a dû mesurer
votre mérite révolutionnaire à l'importance du poste

---

* Il y a long-temps que Paris ne prend plus aucun intérêt au succès de toutes ces guerres; ce qu'on y désire, c'est
la paix, ce qu'on y craint, c'est ce qui tend à l'éloigner, fût-
ce une défaite ou une victoire, peu importe.

qu'il vous donnait ; pour vous asseoir à la tête du clergé de ses états, il fallait que vous fussiez l'ecclésiastique le plus égaré, le sujet le plus ingrat, le cardinal le plus rebelle, le chrétien le plus loin de toutes les routes de la foi. Vous avez bien des talents, mais vous aviez manqué votre but, s'il avait pu trouver un plus coupable. En trahissant l'église gallicane, le Pape, le sacré collége, le corps des évêques, en déjouant tous les honnêtes gens de l'univers, vous vous étiez précisément mis à la hauteur où il devait vous chercher et vous prendre. Une faute, une ingratitude, un vice de moins et mille prétendants avaient des droits au-dessus de vous ; mais si vous aviez des compétiteurs dans cette carriere nouvelle, comme dans la premiere que vous avez parcourue, il vous appartient de n'avoir jamais eu de rivaux*.

Ah ! Monseigneur, quel touchant spectacle que de vous voir, nouveau Mardochée, instruire cette seconde Esther dont les larmes ne sauveront point un jour son peuple des fureurs d'un autre Assuérus ! qu'on lui fasse dire, que la *conservation de son époux est aussi nécessaire au bonheur de l'empire qu'au bien de l'Europe*, on ne peut pas s'opposer à une pareille naïveté, on n'a que le droit de sourire ; mais quand on lui fait ajouter que ce *grand homme* est pareillement *nécessaire à la religion qu'il releve, qu'il est appelé à raffermir, et dont il est le protecteur le plus sincere*, alors il faut se hâter de la plaindre pour éviter de la blâmer..... Pour vous, Monseigneur, vous pouvez la louer,

---

* En parcourant la liste des prétendants au premier rang de félonie dans tout le cours de la révolution, il aurait été permis d'hésiter. L'ingratitude de l'abbé Maury envers le Pape Pie VI, a emporté la balance ; il n'y avait que le serpent qui mord le sein qui vient de le rechauffer, qui pût lui disputer une pareille couronne.

*parler de ses douces vertus, de ses principes reli-
gieux,* vos louanges n'attireront point sur cette malheureuse princesse, un mépris que je réserve pour
vous ; je professe depuis long-temps respect ou
pitié pour les victimes de la politique, et les sta-
tues mutilées des Dieux reçoivent encore mes hommages. N'eût-elle dans les veines qu'une seule
goutte d'un sang précieux, elle suffirait, non pour
calmer mon indignation, mais pour arrêter ma
plume, et si pour vous atteindre, il faut encore la
toucher, je préfere vous livrer à la posterité, à vos
contemporains, à vous-même, plutôt que de continuer à vous combattre avec vos propres armes*.

Mais c'est assez reprocher à votre esprit
des torts qui n'appartiennent qu'à votre cœur.
C'est parce que vous avez dégradé votre existence
politique, que vos talents se sont évanouis ; les mêmes
conceptions, les mêmes pensées, la même élévation
dans les idées renaîtraient, si vous étiez dans cette
sphere d'estime et de considération dont vous êtes
sorti ; car soutenu par l'opinion, proclamé par la
gloire, tout se ressentirait dans votre discours de
cette exaltation de l'âme qui nécessairement agran-
dit les idées ; au lieu de cela, jugé même avant d'a-
voir parlé, par un peuple, qui s'il obéit par nécessité,
ne pardonne pas à ceux qui sont venus partager son
esclavage, courbé devant une cour dont vous

---

* Nous ne citerons plus qu'une seule phrase, c'est la
derniere. Il fallait bien, comme de raison, qu'un cardinal
courtisan terminât son discours par un trait de flatterie envers la régente. *Tant de qualités brillantes sont encore
embellies sous le diadême par une piété aussi exemplaire
que mesurée, et par l'attrait de ces douces vertus d'autant
plus propres à faire aimer ses principes religieux, qu'elles
invitent à l'imitation sans forcer l'estime à l'hypocrisie.*

Il est assez remarquable que le mandement du cardinal
Maury finisse par le mot *hypocrisie* et lui serve sans qu'il
s'en doute de signature.

connaissez les vices, forcé de flatter des grands dont vous partagez la bassesse, condamné enfin à louer un tyran dont la faveur vous flétrit, et n'ayant à choisir qu'entre le mensonge et l'adulation, votre mandement n'est que ce qu'il peut-être.

Les matieres électriques sortent de la terre, mais la foudre ne tombe que du ciel. Ce n'est pas dans la chaire de l'église de Notre Dame de Paris, devant des philosophes sans religion, des princes sans noblesse, des courtisans sans mœurs, un peuple sans piété, qu'un orateur sacré peut retrouver la parole divine : il est des bornes que l'imagination ne saurait franchir, et la vertu, plus qu'on ne pense, a un trône inaccessible. Mais si au lieu d'être un prélat coupable, un prêtre réprouvé, un apostat de l'église gallicane, vous vous fussiez trouvé tout-à-coup transporté dans le temple d'un peuple religieux et fidele, au milieu d'une cour digne de servir de cortége à des souverains adorés, vous adressant à la beauté, à la vertu, à la modestie couronnées ; c'est alors que, purifié par l'atmosphere qui vous aurait environné et rendu à votre gloire, loin de remercier le Dieu des armées, de fermer momentanément les yeux sur des crimes, vous auriez célébré sa bonté, étalé ses bienfaits, exalté sa toute-puissance, et, comme un autre Moïse, les mains levées vers le Dieu d'Israël, vous auriez dit : "Le Seigneur a sauvé le peuple qui a cru en sa miséricorde ; à sa voix la mer s'est soulevée, les vagues sont restées suspendues ; mais sa justice les a enfin laissé retomber, et les phalanges de Pharaon sont restées englouties sous les flots."

L. M. F.

De l'Imprimerie de Schulze et Dean, 13, Poland Street, Oxford Street.

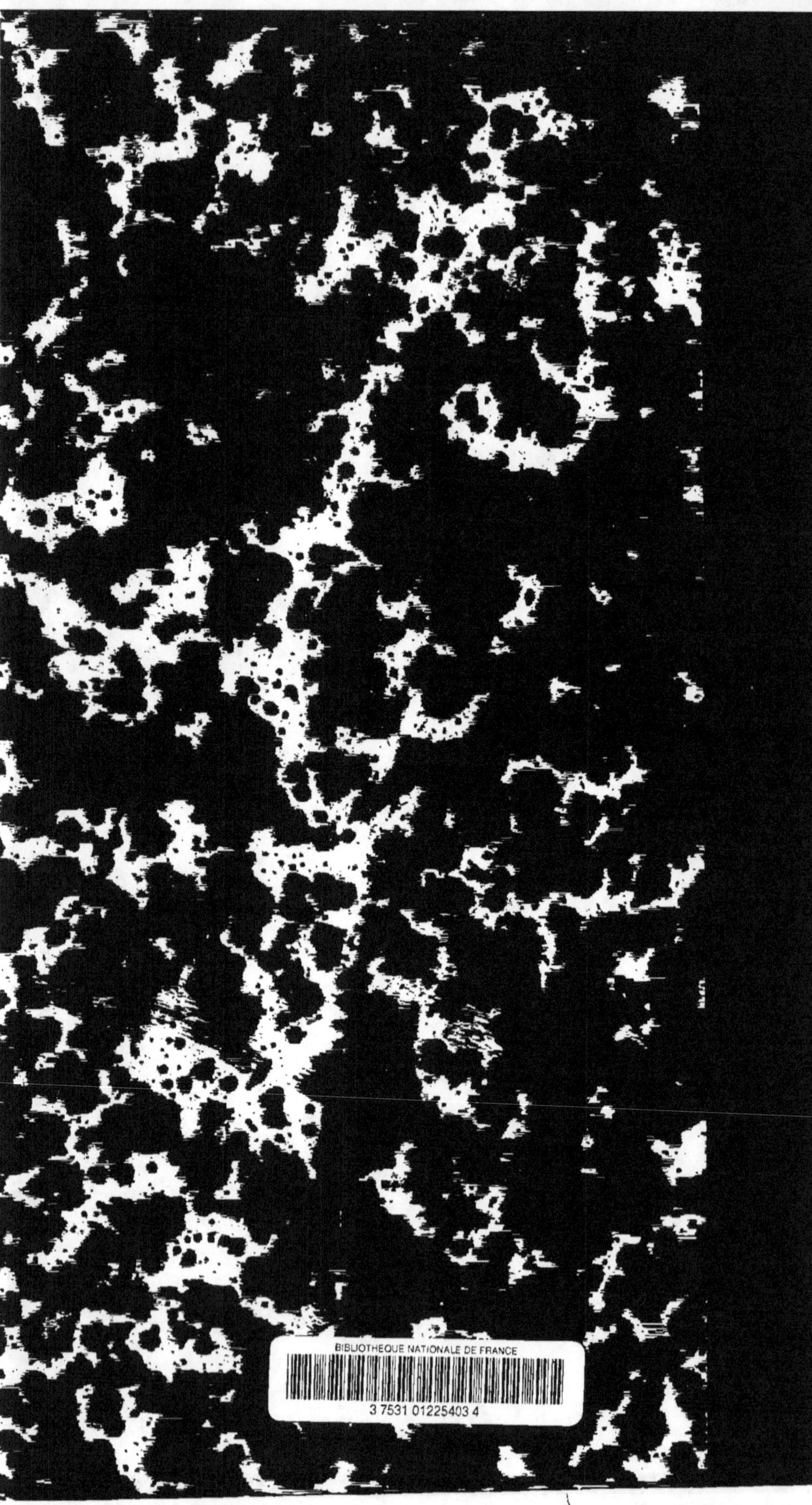
BIBLIOTHEQUE NATIONALE DE FRANCE
3 7531 01225403 4

www.ingramcontent.com/pod-product-compliance
Lightning Source LLC
Chambersburg PA
CBHW061347050726
47595CB00005B/2121